Pierre Stutz

Engel des Trostes wünsche ich dir

Mit-fühlend

Pierre Stutz

Pierre Stutz

Engel des Trostes wünsche ich dir

Briefe an Trauernde

HERDER

FREIBURG · BASEL · WIEN

Für Helga Kurz
und ihre Familie
im Gedenken an ihren verstorbenen Sohn
Lukas (1982–2002)

Für Elisabeth Streich-Christen
und ihre Familie
im Gedenken an ihren verstorbenen Sohn
Christian Bernhard
(1973–2002)

Zur Einstimmung

Der Tod eines lieben Menschen löst in uns eine Fülle von Gefühlen, Gedanken und Erinnerungen aus: Dankbarkeit, Angst, Trauer und Wut, Empörung, Sehnsucht und Hoffnung. Beim Sterben eines Menschen werden wir auf uns selbst zurückgeworfen, auf das Wesentliche im Leben.

Da begegnen wir unserem Wesen mit seinen vielfältigen Ausdrucksweisen: Wir können die Tränen fließen lassen, wir verstummen, wir empören uns, Angst umzingelt uns, Dankbarkeit für die gemeinsame Zeit wird spürbar. Trotz großer Verschiedenheiten gibt es sehr viel, was uns Menschen beim Abschiednehmen und im Trauerprozess verbindet.

Die folgenden Trauerbriefe sind bewusst in diesem großen Spannungsbogen geschrieben. Sie gehen von einer persönlichen Situation aus und bringen sie in Verbindung mit Erfahrungen vieler Trauernder. Eine Gratwanderung! Sie ermutigen ihre Leserin, ihren Leser, den persönlichen Erfahrungen zu trauen, um sie auch mit anderen teilen zu können, damit die heilende Kraft der Trauer erfahrbar werde.

Möge dabei auch ganz leise die Hoffnung erfahrbar werden, das beim Trauern uns ganz unerwartet Engel des Trostes entgegenkommen: Menschen, die uns ein Zeichen des Mitgefühls senden, Momente des Aufgehobenseins in allem Schmerz, die Liebe ewig verbindet. Mögen diese Briefe zum Fließen der Tränen bestärken, damit die heilende Kraft der Trauer erlebbar wird und uns Engel des Trostes wohlwollend begleiten.

Pierre Stutz

Inhalt

Erster Brief
Der Tod begegnet dir ganz nah
11

Zweiter Brief
Die Kraft deiner Tränen
17

Dritter Brief
Du findest deine Sprache der Trauer
23

Vierter Brief
Du stellst dich dem Abschied
29

Fünfter Brief
Unerträglich ist der Tod deines Kindes
35

Sechster Brief
Der Tod kommt immer zu früh
39

Siebter Brief
Wie ein Erdbeben trifft dich der Tod
45

Achter Brief
Deine Angst vor der Leere
51

Neunter Brief
Wie lange noch?
59

Zehnter Brief
Geh zurück an eure Vertrauensorte
65

Elfter Brief
Wenn Wut dich besetzt
71

Zwölfter Brief
Trau deinen Träumen
79

Dreizehnter Brief
Lass dir deine Tränen abwischen
87

Vierzehnter Brief
Mit den Augen der Ewigkeit
93

Fünfzehnter Brief
Unfassbar, wenn ein Mensch
sich das Leben nimmt
99

1

Der Tod begegnet dir ganz nah

Du bist konfrontiert mit dem Tod. Es trifft dich ganz persönlich. Obwohl wir alle um unsere Endlichkeit wissen, fällt die ganz konkrete Auseinandersetzung mit dem Sterben wie eine unerwartete Wirklichkeit in dein Leben ein. Sei es die Konfrontation mit dem eigenen Sterben oder dem Sterben eines dir nahe stehenden Menschen: Du kannst es nicht fassen.

Ein großes Erschrecken breitet sich unerwartet-gewaltvoll in deinem Leben aus. Wie die Geburt eines Kindes von einer Sekunde auf die andere das ganze Leben mit all seinen Gewohnheiten verändert, so bringt die Ankündigung des Todes dein Leben völlig durcheinander. Du nimmst all die vielen alltäglichen Erfahrungen ganz anders wahr. Die Sterblichkeit unseres Lebens, die uns eigentlich immer präsent ist in Filmen, in Nachrichten, in

Romanen, in Todesanzeigen der Zeitung und in der Natur, bekommt nun ein konkretes Gesicht. Sei nicht überrascht, wenn eine Fülle von ganz widersprüchlichen Gefühlen dich einholt und nachts deine Träume intensiver und bedrohlicher werden und morgens dein Erwachen voller Schwere sein kann.

Versuche, diese Grenzerfahrungen anzuschauen, ohne sie zu bewerten. Sei nicht erstaunt, wenn du angesichts des Sterbens intensivstes Leben erfahren wirst: welch ein Paradox!

Jedes Mal, wenn ich wieder ganz konkret mit dem Tod konfrontiert bin, kommen mir Worte eines französischen Philosophen in den Sinn. Als Jugendlicher habe ich sie über meinem Bett aufgehängt. Gabriel Marcel sagt: „Einen Menschen lieben heißt ihm sagen: Du wirst nicht sterben." Diese Worte nähren meine Sehnsucht bis heute. Es ist meine verrückte Hoffnung, auch im Sterbeprozess aufgehoben zu sein. Die Liebe ist jene Urkraft des Lebens, die den Schmerz über den Tod verstärkt und zugleich jene tiefere Verbundenheit erahnen lässt, die für immer bleibt.

„Du wirst nicht sterben" – das sind jene Worte, die mir paradoxerweise helfen, den Tod nicht zu verdrängen. Natürlich wirst du sterben, so wie ich auch sterben werde. Mit Wohlwollen alle Gefühle wie Entsetzen, Angst, Vertrauen, Revolte, Trauer, Hoffnung, Zorn wahrzunehmen, lässt dich jene Liebe erfahren, die dem Tod in die Augen schauen kann, weil dahinter die Kraft der Ewigkeit spürbar wird.

Der Tod trifft dich
mitten in deine Existenz
du bist verunsichert
und voller widersprüchlicher Gefühle

Das Sterben eines geliebten Menschen
stellt dich und das ganze Leben in Frage
du wirst zerbrechlich
und voller bedrohlicher Gedanken

All die gemeinsamen Erfahrungen sterben mit –
eure zärtlichen Zuwendungen
eure wohlwollende Konfliktbereitschaft
euer herzhaftes Lachen
eure Zeiten des gegenseitigen Nicht-Verstehens

Begib dich hinein in diesen Sterbeprozess
erahne wie viele gemeinsame Erfahrungen
in dir weiterleben – mehr noch
dich auf jene tiefere Verbundenheit verweisen
die von der Kraft der Ewigkeit erzählt

2
Die Kraft deiner Tränen

Du spürst, wie deine Trauer sich ausdehnt wie ein Meer von Tränen, das dir uferlos erscheint. Im täglichen Bangen und Hoffen, im Vertrauen und Zweifeln, im Auflehnen und Annehmen ist die Trauer dir jene Begleiterin, die dich lebendig bleiben lässt. Lass sie ruhig fließen, deine Tränen. Sie sind Ausdruck deiner seelischen Gesundheit. Augustinus sagt: „Unsere Tränen sind das Grundwasser unserer Seele."

Lass dich nicht beirren von all den gut gemeinten Ratschlägen, die dich zum Verdrängen und Überspielen deines Schmerzes bewegen könnten. Betrachte eine deiner Tränen mit deiner ganzen Aufmerksamkeit. Erahne darin das Urelement Wasser, das dich mit dem Fluss des Lebens in Verbindung bringt und mit der göttlichen Quelle in dir. Deine Tränen sind jene Lebens- und Hoffnungszeichen, die dich täglich lernen lassen, wie der Schmerz zur Liebe gehört und wie nahe das Lachen und Weinen im Leben beieinander sind. Ein indianisches Sprichwort sagt es liebevoll: „Hätten unsere Augen keine Tränen, hätte unsere Seele keinen Regenbogen."

Im zaghaften und ungewohnten Unterwegssein angesichts des Sterbens wirst du dank deines Echtseins in deiner Trauer immer mehr Verbündete finden. Mach dir nichts vor, bleib bei dir, trau deinen Tränen, versteck sie nicht. Du brauchst ihre Kraft, um die Härte des Todes ein wenig aufweichen zu können. Unerbittlich tritt er an dich heran, und es ist, wie wenn du zum ersten Mal hören würdest, dass dein geliebter Mensch sterben wird. Der Tod wird end-gültig sein, mit seiner unumstößlichen Frage, was denn wirklich bleibt und trägt im Leben. Ein hoffend-zweifelnder Mensch muss sich diese Frage stellen, ohne je eine definitive Klarheit zu haben. Denn die Liebe ist nie zu haben, sie ist immer im Werden. Das Fließen der Tränen lässt dich mit all deinen

Sinnen erfahren, wie vergänglich und ewig das Leben ist.

Ich wünsche dir die Gabe der Tränen. Du bleibst damit nicht allein. Seit Jahrtausenden werden Menschen wirklich Mensch, weil sie mit den Worten aus dem Psalm 56,9 stammeln: „Mein Elend ist aufgezeichnet bei dir. Sammle meine Tränen in einem Krug, zeichne sie auf in deinem Buch!“ Gönne dir ganz konkret in deiner Wohnung einen Krug für deine Tränen und ein Tränenbuch für alle, die mit dir trauern.

Lass die Tränen fließen
sie bringen dich in Verbindung
mit deiner inneren Quelle

Lass die Tränen fließen
sie sind Ausdruck
deines lebendigen Mitgefühls

Lass dir die Tränen abwischen
damit sie gesammelt sind
im Erfahren der freundschaftlichen Nähe

3

Du findest deine Sprache der Trauer

Du möchtest über das Sterben sprechen und tust dich so schwer damit. Du willst nicht verletzen, überfordern, brüskieren. Du leidest daran, dass man heute den Tod verdrängt, tabuisiert und Trauer- und Klageräume verhindert. Das beklemmende Schweigen, das nicht ausspricht, was wirklich ist, blockiert das Leben, verhindert Beziehungen und betrügt schon die Kinder um die zentrale Lebensaufgabe des Loslassens.

Mögest du deinen Rhythmus, deine Form, deine Ausdrucksmöglichkeiten finden, um dem Unsagbaren einen Raum zu eröffnen, der echte Begegnungen fördert, in denen das Schmerzliche und das Kraftvolle geteilt werden kann. Falls du gerade mit den Menschen, die dir nahe sind, noch nicht über das Sterben sprechen kannst, bleib nicht allein damit. Wie die Unumgänglichkeit des Sterbens vor dir nicht Halt macht, so entfremdet ein falsch gemeintes Schonen uns Menschen voneinander. Falls dir Worte oder Ausdrucksweisen abhanden gekommen sind, leihe dir Worte, Bilder, Musikstücke, Symbole, Geschichten aus, die die Kälte der Erstarrtheit auftauen lassen.

Ich habe immer wieder erfahren, wie schmerzvoll-befreiend es ist, wenn Menschen ihrer Intuition trauen und sich nicht hinter Appellen oder verschlüsselten Botschaften verstecken, sondern mitteilen, was sie bewegt, aufwühlt, herausfordert und berührt. Schon Kindern können wir auf ihrem Reifungsweg helfen, wenn wir sie zum Besuch eines sterbenden Menschen mitnehmen. Das Spiel von Kindern ist oft todernst. Sie spielen sich in alles, in Leben und Tod, hinein. Oft sind es unsere eigenen Ängste, die wir in die Kinder hineinprojizieren und dadurch ihr natürliches Umgehen mit dem Tod, ihr Fragen und Weinen blockieren.

Intensivste Lebenserfahrungen ereignen sich, wenn ich mit Sterbenden über ihr eigenes

Begräbnis spreche und sie frage, in welchem Symbol, Musikstück, Gedicht oder Bild sie einen wichtigen Aspekt ihres Lebens verdichten könnten. Menschen erfahren dadurch in ihrer größten Verletzlichkeit ihre einmalige Würde. Manchmal ist aus vielfältigen Gründen so ein Gespräch nicht mehr möglich. Da bleibe ich hellhörig und hellsichtig, um zu spüren, was diesem Menschen wichtig ist.

Ich wünsche dir diese Sensibilität, die dich und die anderen weder über- noch unterfordert – jene feinfühlige Achtsamkeit, die aus dem Urvertrauen heraus lebt, dass die Wahrheit uns freimachen wird.

Wage auszusprechen
was du fühlst
du kannst nur gewinnen –
gewinnen an heilender Nähe
belebendem Echtsein
und an tröstendem Mitsein

Wage auszudrücken
was längst im Raum spürbar ist
durchbrich jene lebensfeindliche Tagesordnung
die Gefühle unterdrückt
und echte Liebe blockiert

Wage einzubringen
was euch wirklich
in diesem Abschied verbindet:
die schmerzvolle Betroffenheit
die hoffnungsstiftende Sehnsucht
die mitleidende Liebeskraft

4

Du stellst dich dem Abschied

Du spürst es ganz klar: Die Zeit des Abschiednehmens kommt unaufhaltsam näher. Angesichts des Sterbens eröffnet sich uns eine Spur zum Sinn des Lebens: Im konkreten Augenblick, im Hier und Jetzt, im Gegenwärtigsein können wir die Kraft der Ewigkeit erahnen. So werden jedes Wort und jede Geste so kostbar, und wir entdecken, was wirklich wesentlich ist in unseren Beziehungen. Ein Leben lang können wir im Pflegen einer Abschiedskultur ganz konkret das Sterben einüben. Beim Wohnungs- und Arbeitswechsel, beim Wegzug der Kinder, beim Abschließen eines Projektes, beim Verlust eines Arbeitsplatzes, beim Loslassen von einengenden Idealbildern, bei einer Krankheit können wir alltäglich sterben lernen. Darum lohnt es sich, Abschiedsrituale zu entdecken und zu kultivieren, in denen wir einander sagen können, was gut ist in unserem Zusammensein, was schwierig ist und was im Moment unversöhnt bleibt.

Beim Abschiednehmen braucht es oft gar nicht mehr viele Worte. Das einfache Dasein – etwas vom Schwierigsten in unserem Leben – genügt.

Trau deinem Dasein, wenn du deine Widerstände spürst beim Abschiednehmen. Sie verbergen oft viel zu hohe Ansprüche, die wir an uns selber und an andere haben und die uns immer verkrampfter werden lassen. „Mein Atem heißt JETZT", schreibt die jüdische Dichterin Rose Ausländer. Diese wenigen Worte helfen mir beim Abschiednehmen, um nichts anderes zu tun, als immer wieder tief ein- und auszuatmen. Mein tiefes Durchatmen ist für mich mehr als eine gesunde Körperübung, es ist Ausdruck meiner tiefsten Hoffnung – jener Hoffnung, die im Atmen den Atem des heilenden Geistes erfährt, der verbindet und der auch im letzten Atemzug eines Menschen zum Tor des Aufgehobenseins in

Gott wird. Wenn dabei Tränen fließen können, dann erinnere ich mich an die Worte von Teresa von Àvila: „Der Himmel ist die Quelle der Tränen."

Dieses Vertrauen in allem Schmerz wünsche ich dir von Herzen.

Mit dem Abschied leben
Ja sagen zu unserer Endlichkeit
damit echtes Leben in Fülle erfahrbar wird
lachen und weinen
geboren werden und sterben
Nähe und Distanz

Mit dem Abschied leben
Ja sagen zum Sterben eines Menschen
intensivstes Leben miteinander teilen
Schmerz und Dankbarkeit
Leere und Fülle
Alles und Nichts

5

Unerträglich ist der Tod deines Kindes

Du bist voller Schmerz, alles schreit in dir. Der unerwartete Tod deines Kindes schüttelt dich in voller Härte durch.

Du weißt nicht mehr, wo du stehst.

Du haderst mit dem Leben, mit Gott.

Du bist verloren in deinen vertrauten Räumen und Beziehungen.

Das endgültige Abschiednehmen von einem eigenen Kinde gehört zum Schmerzvollsten, was Menschen zugemutet werden kann.

Du bist voller Aufruhr, alles sträubt sich zu Recht in dir, diesen Tod zu verstehen, geschweige denn anzunehmen.

Ich kann deinen Schmerz nur erahnen und dir versprechen, dass ich nicht nur am Grab in deiner Nähe stehen werde, sondern in deinen Gefühlsausbrüchen und deiner Sprachlosigkeit zu dir stehe:

Mit-schweigend
Mit-schreiend
Mit-weinend
Mit-wartend
Mit-tröstend
Mit-klagend
Mit-stammelnd
Mit-suchend
Mit-hoffend

6

Der Tod kommt immer zu früh

Du hast dich lange vorbereitet auf das Sterben. Manchmal hast du angesichts einer schrecklichen Krankheit auf den erlösenden Moment des Todes gewartet. Nun bist du mit anderen im Krankenzimmer eines lieben Menschen, der soeben gestorben ist. Es ist unfassbar für dich, viel zu früh. Ihr alle habt um diesen Tod gewusst, und nun ist er doch ganz unerwartet gekommen.

Der Tod kommt immer zu früh, auch im hohen Alter, weil wir uns alle so schwertun mit dem Loslassen. Der/die Verstorbene hat soeben noch geatmet, noch einige Worte gesagt, gelächelt und dann euch alle sehr lange und tief angeschaut. Ewig sind solche Sekunden. Sie bleiben dir auch ewig und können dir nie mehr genommen werden.

Diese Wärme, dieser Schmerz, dieser intensive Lebensmoment erfüllen dich ganz.

Viele gemeinsame Erlebnisse sind wie in einem Film in einer Fülle von Bildern nochmals da: die erste Begegnung, das erste Gespräch, der erste Konflikt, der erste Kuss, die Zeiten des Glücks und des Unverständnisses, die Aufbruchstimmungen und die gemeinsamen Durststrecken. Alles ist zum Greifen nahe und doch schon so weit weg. Bei der letzten Umarmung des toten Körpers umarmst du noch einmal all eure gemeinsamen Erfahrungen.

Du willst sie für immer festhalten, obwohl du ahnst, dass dir diese Beziehung nur bleibt im Loslassen.

Es tut so weh, du stirbst mit.

Es ist die Konfrontation mit deinem eigenen Tod, mit Fülle und Leere, Dankbarkeit und Angst, Alles und Nichts, Wut und Vertrauen. Sei nicht erstaunt über die vielen ganz unterschiedlichen Gefühle, die sich wie eine Vorschau der kommenden Monate ganz konzentriert ankündigen. Das bist du, das ist eure Beziehung und doch noch viel mehr, noch ganz anders. Bruchstückhaft, bereit, in Gott vollendet zu werden.

Dieses Vertrauen möge dir geschenkt sein, immer wieder neu.

Das Wesentliche im Leben
ist nie machbar
es ereignet sich ganz anders
als du gedacht hast

Du hast dich vorbereitet
auf den Tod
trotzdem trifft dich die Nachricht
wie ein Blitz aus heiterem Himmel

Der Tod eines geliebten Menschen
bleibt immer unfassbar
geheimnisvoll
schmerzlich
erschütternd
verunsichernd

Da ereignet sich paradoxerweise
die tiefe Kraft der Liebe
traue ihr
jeden Tag neu

7

Wie ein Erdbeben trifft dich der Tod

Du erfährst mitten im Berufsalltag vom plötzlichen Tod eines geliebten Menschen: ein Verkehrsunfall – ein Herzinfarkt. Die unerwartete Nachricht bricht wie ein Erdbeben auf dich ein. Du bist unter Schock, unfassbar ist diese Meldung, die dich völlig auf dich selber zurückwirft. Du verstehst die Welt nicht mehr. Das Leben schüttelt dich mit all deinen Beziehungen völlig durch, und du weißt nicht mehr ein noch aus. Wenn du nur schreien könntest, doch du verstummst. Völlig erstarrt lässt dich die harte Wirklichkeit des Todes ganz allein zurück.

Seine Stimme verhallt, seine Zärtlichkeit verschwindet, sein Blick erlischt, seine jetzige Nähe entfremdet. Nun stehst du vor dem toten Körper und meinst, du seiest in einem Film, in einem bösen Traum. Die Berührungen deiner Mittrauernden zeigen dir, dass der Tod wahr ist. Deine eigene Todessehnsucht holt dich schlagartig ein. Du zweifelst an der eigenen Lebenskraft, denn der Schmerz hat dich an Leib und Seele durchdrungen; wie durchbohrt fühlst du dich. Du siehst vor deinen inneren Augen, was ihr noch alles miteinander tun wolltet: der gemeinsame Urlaub, die geplanten Veranstaltungen, der Umbau am Haus, die Aussprache mit den Kindern ... All dies wird nie mehr miteinander möglich sein. Der Abschied heute morgen war so flüchtig. Was du ihm/ihr noch alles sagen wolltest, bleibt unausgesprochen. Du umarmst den verstorbenen Menschen, du umarmst euer gemeinsames Leben. Unsägliches Leid weitet sich in dir aus, das dich sprachlos macht. Du fühlst dich heimatlos und verloren.

Dann gibt es jene Momente, in denen tiefe Dankbarkeit dich bewohnt für eure gemeinsame Zeit. Jene Ahnung taucht auf, dass die gemeinsamen Erlebnisse dir niemand nehmen kann. Du spürst behutsam, wie all das aufgehoben ist im Urgrund allen Liebens. Doch diese Momente sind kurz – die dunklen Stunden der Trauer, des Schmerzes, der Verzweiflung scheinen dir unendlich. Dein Gottesbild kommt ins Wanken und deine Zweifel wachsen. Das darf sein, lass dir Zeit. Sei gut mit dir in diesem Auf und Ab der Gefühle. Lerne langsam, in deinem Rhythmus zu sagen und auszudrücken, was ist, was in dir wie abgestorben ist und was weiterlebt.

Die verstorbene Theologin Dorothee Sölle schreibt zu Recht: „Der erste Schritt der Überwindung des Leidens ist, eine Sprache zu finden, die aus dem unbegriffenen und stumm machenden Leiden hinausführt, eine Sprache der Klage, des Schreis, des Schmerzes, die wenigstens sagt, was ist."

Ich wünsche dir Geburtshelferinnen und -helfer, die dich zum Gebären deines Schmerzes bestärken können. Vielleicht erahnst du darin das tiefe Geheimnis des Sterbens: Wir werden schmerzvoll in Gott hineingeboren.

In schlaflosen Nächten
in denen dein Schmerz unendlich scheint
und du durchgeschüttelt wirst
von der Härte des Lebens
da möge dich der Engel der Trauer
wohlwollend begleiten
im Fluss deiner Tränen

In dunklen Stunden
in denen alles fragwürdig wird
und du auf dich selber zurückgeworfen bist
durch den plötzlichen Tod
da möge ein Hoffnungsfunke in dir aufscheinen
im tiefen Ein- und Ausatmen

In verzweifelten Momenten
in denen deine Lebenskraft bedroht ist
und du deiner eigenen Todessehnsucht
begegnest
durch den endgültigen Abschied
da mögest du innerlich angerührt sein
von den uralten Lebensworten:
Fürchte dich nicht, ich bin bei dir

8

Deine Angst vor der Leere

Du bist allein. Die aktive Zeit rund um die Beerdigung ist vorbei. Du bist dankbar, dass es ruhiger wird, obwohl du große Angst vor dieser Stille hast. Nun ist sie da, die Zeit, in der du Tag für Tag annehmen musst, dass dein ganzer Alltag sich verändert hat. Es sind vor allem die Übergangszeiten, der Abend und das Erwachen am Morgen, die schwer für dich sind. Da fühlst du dich so verloren, so heimatlos. In deinem Unterbewusstsein, in deiner Seele hast du noch nicht ganz wahrgenommen, dass er/sie nicht mehr da ist. So ertappst du dich immer wieder, wie du deinen geliebten Menschen erwartest, wie er bald durch die Tür kommen wird, wie ihr euren Abschiedskuss austauscht, wie ihr einander zärtlich in den Schlaf begleitet.

Schmerzvoll wird dir bewusst, dass es nicht mehr so ist. Darum ist das Erwachen am

Morgen so hart. Es ist, wie wenn man dich schlagen würde, wie wenn die ersten Bewegungen zum Aufstehen meilenweit wären. Du kannst es einfach nicht fassen, dass der Platz neben dir leer ist. Diese Leere scheint dich manchmal zu verschlingen. Die Angst vor diesem Nichts wächst.

Deine Umgebung ist zur Tagesordnung übergegangen. Das Leben geht weiter. Sie gehen davon aus, dass du dich zurechtfindest. Manchmal gelingt es dir auch, wenn du hineingeschritten bist in deinen neuen Tag und deine vertraute Arbeit aufnimmst, die du ja immer schon selbstständig getan hast. Da tritt der Schmerz zum Glück in den Hintergrund, und du kannst ihn lassen, für eine gewisse Zeit wenigstens. Doch er holt dich schnell wieder ein, und du denkst, dass du dich nie mehr zurechtfinden wirst. Dann leih dir die Worte von der Dichterin Marie-Luise Kaschnitz aus, die dir vielleicht helfen, dich zu verstehen. Sie schreibt:

„Warum tut ihr so, als ob es ihn nie gegeben hätte, warum erkundigt ihr euch nicht, wie ich alleine zurechtkomme? Ich komme niemals zurecht."

Diese Wüstenerfahrungen gehören nun zu deinem Leben. Du kommst an diesen Durststrecken nicht vorbei. Zugleich darfst du auf unerwartete Oasen vertrauen; auf Momente des Verstandenseins, des Mitgefühls, des schweigenden Mittrauerns.

Ich wünsche dir, dass du im Aushalten der Leere Momente der Fülle erfahren wirst. In der mystischen Tradition habe ich gelernt, dass Leere und Fülle, Alles und Nichts, Leben und Tod ganz nahe beieinander sind. Um diese Lebensweisheit offen-sichtlich vor dir zu sehen, empfehle ich dir, eine große leere Schale neben das Foto deines geliebten Menschen zu stellen. Schau sie immer wieder an, schau hinein in die Leere, in dieses Nichts ..., in diese Fülle von gemeinsamen Erfahrungen, die du nicht festhalten kannst, obwohl sie für immer da sind. Vielleicht erahnst du ab und zu, wie viel Fülle an Liebe da ist, die stärker ist als der Tod.

Was immer du erleben wirst in den kommenden Monaten, vertraue, dass es gut aufgehoben ist in der Schale des Lebens.

Entdecke die Leere
als Chance
die heilende Kraft der Trauer zu entfalten
die erst ins Fließen kommt
wenn Räume der Stille sich auftun

Entdecke die Leere
als Reifungsprozess
die dich mit deinem Schmerz
und mit deinen Ängsten konfrontiert
um auch durch den Tod eines Menschen
wachsen zu können

Entdecke die Leere
als Verheißung
in die tiefere Verbundenheit
der Liebe hineinzuwachsen
die zum Loslassen bewegt

9

Wie lange noch?

Du rufst mich an, mitten in der Nacht, und fragst mich, wie lange dieser Schmerz noch dauern wird. Einige Wochen sind es her, seit deine junge Frau, Mutter von euren zwei kleinen Kindern, gestorben ist. Bevor sie starb, sagte sie immer wieder: „Das Leben ist nicht fair, ich will nicht sterben. Ich habe noch so viel zu tun."

Herbert Grönemeyer kennt in seinem Lied „Der Weg" an seine verstorbene Frau dieselben Worte: „Das Leben ist nicht fair ... Du hast jeden Raum mit Sonne geflutet ..."

„Wie lange noch?", fragst du zu Recht. Was soll ich dir sagen? Mindestens ein Jahr, mehrere Jahre, ein Leben lang? Ich weiß es nicht, niemand weiß es. Ich weiß nur, dass echte Heilung ohne Schmerz nicht möglich ist. Die Antwort auf deine Frage verwirklicht sich jetzt schon ein wenig, wenn du deinen Schmerz nicht verdrängst. Jedes Mal stirbst du mit, gehst immer mehr zu Grunde: auf den Grund deiner tiefen Trauer. Sei darum nicht überrascht, wenn dich in deinen Träumen Todesängste einholen, wenn du dich bodenlos fühlst, wenn deine Nächte endlos erscheinen.

In allen Religionen begegnen wir der Frage nach dem Leiden. Das Wort „warum?“ drängt sich uns auf. Sprich es aus in der Hoffnung, dass sich dieses Wort verwandelt in das Wort „wozu?“. Ich wünsche dir Menschen, die mit dir deine Fragen aushalten, so wie es jener sensible Begleiter aus Nazaret in aller Radikalität am Kreuz getan hat:

„Mein Gott, mein Gott, wozu hast du mich verlassen?“

In diesem Schreien nicht ganz allein zu sein, obwohl du alleine da durch musst, ist eine leidenschaftliche Hoffnung, die mich bewohnt. Möge sich diese Hoffnungsspur in deinem Unterwegssein mit euren Kindern eröffnen. Nicht ein für alle Mal, sondern immer wieder neu; so wie nach jeder Nacht ein neuer Morgen anbricht, der einlädt, das Leben zu wählen.

Mögest du in deinem Rhythmus deinen Trauerweg finden, damit du vielleicht irgendwann die Schlussworte vom Lied Grönemeyers mitvollziehen kannst: „Habe dich sicher in meiner Seele. Ich trag dich bei mir, bis der Vorhang fällt." Ich wünsche es dir von Herzen.

Lass dir Zeit
zum Trauern
entfalte einen lebensfördernden Rhythmus
zum Weinen und Lachen
zum Zweifeln und Vertrauen

Lass dir Zeit
zum Abschiednehmen
gestalte vertrauensvolle Trauerrituale
die deiner Seele weiten Raum geben
zum inneren Wachsen und Reifen

Lass dir Zeit
zum Aushalten all deiner Gefühle
suche dir mitfühlende Menschen
die um die heilende Kraft der Trauer wissen
und echten Trost spenden
im schweigenden Mitsein

10

Geh zurück an eure Vertrauensorte

Du erinnerst dich durch so viele Begebenheiten, Symbole, Orte und Gedanken an die/den Verstorbene(n). Das ist gut so. Der Dichter Jean Paul schreibt: „Erinnerung ist das Paradies, aus dem wir nicht vertrieben werden können."

Erinnerung hat viel mit Innerlichkeit zu tun. Rituale sind mir da eine Hilfe, nicht als magische, sondern als symbolische Kraft. Sie vergegenwärtigen in mir, was mich bei aller Trauer hoffnungsvoll bleiben lässt und was die Beziehung zum geliebten Menschen lebendig bleiben lässt, ohne nur noch in der Vergangenheit zu leben. Darum bestärke ich dich darin, mit anderen zusammen Fotos anzuschauen, die euch an viele gemeinsame Erlebnisse erinnern werden. Weinen und Lachen, gute und ungute Gefühle, Konflikte und Versöhnung werden da ganz nah beieinander sein.

Geh zurück an eure Vertrauensorte. Hör die Musik, die ihr/ihm vertraut war. Lies ihre/seine Briefe wieder. Finde deine Ausdrucksform der Trauer im Schreiben, Malen, Musizieren, Erzählen, Wandern oder in der Gartenarbeit. Schau all die verbindenden Erlebnisse nochmals an, auch das Unversöhnte, Bruchstückhafte, damit du mit der Zeit besser loslassen kannst. Loslassen kann ich nur, was ich nochmals festgehalten habe! So lebst du nicht nur in vergangenen Zeiten, sondern du entscheidest dich für das Jetzt, du wählst bewusst die Gegenwart.

Möge sich deine Trauer verwandeln, indem du immer weniger am Äußerlichen festhältst, um eine tiefe Seinsverbundenheit zu spüren, die dich mit allem verbindet, mit Gottes Lebensatem in allem. So möge dein Alleinsein behutsam-bestimmt eine tiefere Bedeutung erhalten. „Allein“ heißt wörtlich All-eins und meint Eins-sein mit allem.

Ein Weg nach innen
erschließe sich dir
durch die Kraft der Rituale
die dich erfahren lassen
wie gegenwärtig die Liebe bleibt

Ein Weg der Tiefe eröffne sich dir
durch die Sprache der Symbole
die die gemeinsamen Erfahrungen verdichtet
und dich zur Dankbarkeit bewegt

Ein Weg des Vertrauens
zeige sich dir Schritt für Schritt
im Erahnen wie im Tode vollendet wird
was im Leben unvollkommen geblieben ist

Ein Weg des Glaubens sei dir geschenkt
im Einüben des Loslassens
genährt von der Hoffnung
alles der Geborgenheit Gottes
überlassen zu können

11
Wenn Wut dich besetzt

Du erwachst aus einem schrecklichen Traum und bist voller Wut. Unversöhnte Erfahrungen, die dich mit dem verstorbenen Menschen verbinden, wirst du nicht los. Sie brechen ganz unerwartet in dein Leben ein, besetzen dich und lösen in dir eine Fülle von Emotionen aus. Du kommst dir dabei sehr schlecht vor. Mit dem Kopf möchtest du längst verzeihen, doch dein Herz ist noch nicht so weit – eine wirkliche Grenzerfahrung deines Lebens. Darin kann sich die Chance bergen, deine Gefühle nicht zu bewerten; niemand kann sie sich auswählen. Gefühle können nur gestaltet und verwandelt werden, wenn sie sein dürfen. Alleine kommst du da nicht weiter? Du brauchst nebst deinem Freundeskreis vielleicht eine spirituelle Begleitung, eine therapeutische Hilfe, eine Trauergruppe, die du regelmäßig besuchst.

Ich weiß aus eigener Erfahrung, wie schwierig dieser Umgang mit aggressiven Gefühlen ist, die wir Verstorbenen gegenüber empfinden können. Einige Jahre nach dem Tode meiner Eltern spürte ich nebst der Dankbarkeit immer wieder Wut; sie anzunehmen, war unglaublich schwer. Hilfreich war und ist für mich die Einsicht, dass es sich immer nur um einen Teil meiner Person handelt, der wütend ist. Diese wohltuende Versöhnungshaltung hat mir gut getan. Ich bin nie nur Wut, auch wenn sie sich manchmal mit voller Wucht bemerkbar macht. Dies ist nur ein Aspekt meines Lebens, eine Seite, die nicht ruht, bis sie erlöst worden ist.

Und da komme ich alleine nicht weiter. Wir Menschen sind zutiefst angewiesen auf Erlösung und auf Versöhnung. Echte Erlösung ereignet sich, wenn wir uns alltäglich lösen können von einseitigen, einengenden Bildern, die wir von uns selbst und den anderen haben. Echte Versöhnung mit unserer Geschichte entwickelt sich, wenn wir an diesen unangenehmen

Seiten arbeiten, wissend, dass Erlösung nie machbar, sondern Geschenk, Gnade ist.

Heilung erfahren kann bedeuten, nochmals tief in die Verletzung hineinzugehen, da, wo die Wut genährt wird. So war es für mich erlösend, am Grab meines Vaters meine ganze Wut auszusprechen, stammelnd, in aller Begrenztheit, um dann zu erahnen, wie in unserer Beziehung viel mehr war als all die nie ausgesprochenen Konflikte.

Je mehr ich ich selbst werde, mit meinen Stärken und Verwundungen, umso mehr wird mir Christus zum Er-löser. Er löst mich von der Vorstellung, perfekt sein zu müssen. Dieser Zuspruch gilt allen Menschen. Da können sich in einem jahrelangen Prozess die Herzenstüren von innen öffnen, und Versöhnung ereignet sich über den Tod hinaus, weil Auferstehung sich in uns innen entfaltet in den Lebensworten: Friede sei mit euch.

Ich teile dir meine ganz persönliche Erfahrung mit, damit du Ja sagen kannst zu deiner ureigenen Geschichte. Du sollst wissen, dass

Versöhnung möglich ist. Darum wünsche ich dir jene beharrlich-wohlwollende Geduld mit dir selbst und mit anderen, die von innen her aufrichtet zur Hoffnung.

Versöhnung
wünsche ich dir
im Anschauen deiner Verwundungen
im Annehmen deiner Wut

Versöhnung
wünsche ich dir
auch der Tod kann niemanden hindern
die Kraft des Verzeihens zu erfahren

Versöhnung
wünsche ich dir
dein Ja zum unverstellten Leben
das immer bruchstückhaft sein wird

Versöhnung
wünsche ich dir
das Vertrauen in die Friedenskraft Gottes
die unerwartet heilend wirkt

12
Trau deinen Träumen

Du gehst immer wieder zum Friedhof mit Blumen und mit einer brennenden Kerze, die in die Nacht hinein leuchtet. Unsere Seele braucht Symbole, um die bleibende Verbundenheit mit den Verstorbenen ausdrücken zu können.

Einmal hatte ich eine Lesung in einem kleinen Dorf in der Nähe von Salzburg, in Faistenau. Wie immer machte ich als persönliche Einstimmung vor dem Vortrag einen kleinen Spaziergang. In der Dunkelheit sah ich von weitem auf dem Friedhof viele brennende Kerzen. Sie zogen mich zu diesem Hoffnungsort, an dem Hunderte von Vertrauenslichtern auf den Gräbern brannten. Mein ehrfürchtiges Staunen verstärkte sich, als ich erfuhr, dass dies nicht wegen eines besonderen Festtags so sei, sondern jeden Samstagabend die Kerzen in den neuen Auferstehungsmorgen hinein brannten. Diese wohltuende Erfahrung erinnerte mich an Worte von Papst Johannes XXIII.: „Unsere Toten gehören zu den Unsichtbaren, aber nicht zu den Abwesenden.“

Mit einem brennenden Teelicht, das du zu Hause jeden Abend in die Nacht hinein brennen lässt, kannst du und deine Familie dem Vertrauen einen Ausdruck verleihen. Elton John singt von „A Candle in the Wind“ – von „einer Kerze im Wind“, die von unserer tiefen Sehnsucht erzählt, dass ein verstorbener Mensch weiterhin mit uns ist, aber einfach ganz anders.

Nach dem Tod meiner Mutter, die drei Monate nach der Diagnose an Bauchspeicheldrüsenkrebs gestorben ist, hatte ich viele schreckliche Träume. Ich durfte sie im Kreis meiner Familie zum Sterben begleiten. Obwohl mich diese brutale Krankheit oft an die Grenze meiner eigenen Kräfte brachte, möchte ich diese Erfahrung nicht missen. Ich konnte dadurch das Sterben, den Tod in mein Leben integrieren.

Die Sprache der Träume hat mir dabei wesentlich geholfen. Nachdem meine Mutter zu Hause im Kreise aller sterben konnte, hatte ich monatelang schreckliche Träume. Träume voller Blut, in denen ich das Furchtbare dieser Krankheit nochmals durchlitt. Träume voller Schmerz, in denen ich „nächtelang“ weinte, weil ich an der Beerdigung nicht weinen konnte. Träume voller Angst, in denen auch ich starb und mich selber in einem offenen Sarg sah. Nach Monaten sah ich im Traum in völliger Klarheit, wie meine Mutter an einem wunderschönen Frühlingsmorgen auf dem Balkon steht. Sie gießt all die vielen Geranien und Pflanzen. Ganz erschrocken frage ich sie, was sie denn da mache, sie sei doch tot. Es könne doch nicht sein, dass sie wieder am Arbeiten sei. Mit leuchtenden Augen sah sie mich an und sprach zu mir: „Ich bin doch da!“

Das Blumengießen ist für mich ein wohltuendes Bild der Leben spendenden Liebe, die über den Tod hinaus erfahrbar ist. – Ich spürte die Nähe meiner Mutter leibhaftig. Sie ist weiterhin da, weil sie im schmerzlichen Sterben hineingeboren wurde in Gott selber, dessen Name heißt „Ich bin da“ (Exodus 3,14). Dieser eindrückliche Traum hat in all seiner Einfachheit meine Beziehung zum Leben und zum Tod wesentlich geprägt. Darum erzähle ich ihn dir. In meinem Feiern und Beten kann ich darum voller Überzeugung sagen, dass die Verstorbenen weiterhin in unserem Kreis sind. Sie beten und hoffen weiterhin mit uns. Sie sind da, einfach anders. Diese Hoffnung habe ich dann Jahre später auch bei der Mystikerin Caterina von Siena entdeckt. Sie schreibt in einem Brief kurz vor ihrem Tod: „Ich glaube, dass ich nach meinem Tod mehr ausrichten kann als im Leben.“

Mögest du, mögen wir Tag für Tag in dieses Urvertrauen hineinwachsen, dem Leben zuliebe.

Verstorbene
sind weiterhin mit uns
beten und hoffen mit uns
bringen uns die Kraft der Ewigkeit
mitten in unseren Alltag

Verstorbene
gehören weiterhin zu unserem Kreis
geheimnisvoll nah
leben sie in uns weiter
als liebende Kraft

Verstorbene
bewegen uns weiterhin zum Frieden
unsichtbar-gegenwärtig
in der Kraft des Gebetes
das ermutigt zum achtsamen Dasein

Einfach anders
sind sie kraftvoll da

13

Lass dir deine Tränen abwischen

Du hattest einige vertrauensvolle Tage, in denen du Ja sagen konntest zum Sterben, ohne deinen Schmerz zu verdrängen. Wie ein Geschenk des Himmels hast du diese Stunden erlebt, die der Schriftsteller Matthias Diggelmann vor seinem Tode so umschrieben hat: „Nicht der Tod pocht an dein Fenster, sondern verwandeltes Leben.“ Dieses Erahnen eines größeren Zusammenhangs, das wie ein Eintauchen in das Meer der Liebe Gottes sein kann, hat dich zum Aufatmen bewegt.

Doch dann kehren ganz unverhofft wieder Auflehnung und Empörung zurück. Du ringst mit Gott und verstehst dich selber nicht mehr. Du möchtest schreien, aufschreien, der Schmerz in der Herzgegend tut so weh. Die Abwesenheit zerreißt dich fast. Die ganze Wohnung erinnert dich an deinen geliebten

Menschen, und du fragst dich, ob du darin weiterleben kannst oder ein Wohnungswechsel sich aufdrängt.

In deiner Verzweiflung hörst du das Lied „Tears in Heaven – Tränen im Himmel" von Eric Clapton. Sein kleiner Sohn starb bei einem schrecklichen Unfall, er stürzte aus einem Hochhaus. Das Lied ist voller Schmerz und Hoffnung: „Würdest du meine Hand halten, wenn ich dich im Himmel treffen würde? ... Ich bin sicher, dass hinter der Tür Frieden ist, und ich weiß, dass es im Himmel keine Tränen mehr geben wird." Es ist für dich ein echter Trost, verstanden zu sein.

Schau dich selbst an mit diesem wohlwollenden Blick des Mitgefühls. Du kannst deine Gefühle nicht bestimmen, du brauchst weiterhin viel Zeit. Ein schwerer Verlust lässt sich nie vergessen. Darum bin ich so dankbar, dass in den österlichen Evangeliumstexten der auferstandene Christus mit seinen Wundmalen gezeigt wird: Auch wenn uns in einem intensiven Trauerweg mit so vielem Auf und Ab ein

Reifen und Wachsen verheißen ist, bleiben die Narben. Auch wenn ich mit Hermann Hesse darauf vertraue, dass „man durch das Leid und die Verzweiflung hindurch muss, um wieder ans Licht zu gelangen“, so bleibt dies eine anspruchsvolle Gratwanderung.

Darum wünsche ich dir, dass du dir Hilfe suchst und sie annehmen kannst. So wirst du die Worte von Eric Clapton erfahren, von denen auch in der Bibel (Offenbarung 21,4) die Rede ist: „Seht die Wohnung Gottes unter den Menschen. Er wird in ihrer Mitte wohnen, und sie werden sein Volk sein; und er, Gott, wird bei ihnen sein. Er wird alle Tränen von ihren Augen abwischen. Der Tod wird nicht mehr sein, keine Trauer, keine Klage, keine Mühsal.“

Finde immer den Weg zu deiner Mitte, damit du darin das Wohnen Gottes erfährst. Dieses kraftvolle Dasein, das du auch erfahren darfst, wenn andere deine Tränen abwischen.

Mitten in Zeiten des Vertrauens
holt dich der Schmerz ein
schüttelt dich durch
verunsichert deine Alltagsgestaltung

Mitten in Zeiten der Trauer
öffnet sich dir ein Stück Himmel
ein Moment des Aufgehobenseins
der tiefen Verbundenheit
mit Schöpfung und Kosmos

Mitten in Zeiten der Zuversicht
bricht die tiefe Wunde
des Verlassenseins wieder auf
du fühlst dich verloren und heimatlos

Mitten in Zeiten des Schmerzes
erfährst du unerwartet Trost
durch eine zarte Umarmung
ein Angerührtsein von den Lebensworten:
Ich werde alle Tränen abwischen
denn ich bin mit euch

14

Mit den Augen der Ewigkeit

Du gehst seit einiger Zeit einen Trauer- und Heilungsweg. Viel Schmerz und Einsamkeit, Hoffnung und Getragensein begegnen dir auf diesem inneren Weg. Du hast Zeiten erlebt, in denen deine Tränen fließen konnten, und auch Zeiten, in denen du hart geworden bist. Dein Trauerweg hat auch Klärung gebracht in deine Beziehungen. In deiner Not hast du erfahren, wen du wirklich zu deinem Freundeskreis zählen darfst. Dies bestärkt dein Vertrauen in deine ungewisse Zukunft.

Deine Lebenspläne sind durch-kreuzt worden: So hast du dir deinen Lebensweg nicht vorgestellt! Mögest du behutsam erfahren, wie sich dir durch diese Weg-kreuzung ein neuer Lebensabschnitt, ein neues Auferstehen ermöglicht: Geh beharrlich und vertrauensvoll Schritt für Schritt weiter. Trau deiner

Sehnsucht, an diesem Schmerz wachsen und reifen zu können. Vertiefe deine Beziehungskraft im Mitteilen deiner Gedanken und Gefühle. Wage die Einsamkeit und entdecke darin den Zugang zum heiligen Ort in dir, der dich mit Leben und Tod verbindet. Wähle das Leben, indem du neben dem Weinen auch dem Lachen wieder Raum schaffst, weil du durch den Tod eines lieben Menschen das Geschenk des Lebens noch mehr genießen wirst. Erahne in all deinen intensiven Erfahrungen die Kraft der Ewigkeit – jene Lebenskraft, die sich ereignet, wenn Hoffnung und Schmerz, Vertrauen und Zweifel, Angst und Zuversicht in uns leben dürfen. Gerne bestärke ich dich, der Tiefe deines Lebens zu trauen. Sie eröffnet sich im Innehalten, im tiefen Durchatmen, im Schließen der Augen, um den ewigen Fluss des Lebens zu erahnen. Khalil Gibran sagt: „Sprich nicht voller Kummer von meinem Weggehen, sondern schließe die Augen, und du wirst mich unter euch sehen, jetzt und immer."

Die Kraft der Ewigkeit erahnen
im bewussten Gestalten meines Trauerweges
mit seinen unendlichen Stunden der Einsamkeit
mit seinen kraftvollen Zeiten
der freundschaftlichen Nähe

Die Kraft der Ewigkeit erfahren
im achtsamen Wahrnehmen des Augenblicks
mit seinen hellen und dunklen Seiten
mit seinen kraftvollen und
schmerzlichen Momenten

Die Kraft der Ewigkeit erleben
im aufmerksamen Dasein im Alltag
mit all seinen Herausforderungen
und Sternstunden
mit seinen Verunsicherungen
und Lebensfreuden

Die Kraft der Ewigkeit entdecken
im intensiven Begehen eines Heilungsweges
mit seiner Solidarität zu allen kranken
und sterbenden Menschen
mit seiner Verwurzelung in der Kraft der Liebe

15

Unfassbar, wenn ein Mensch sich das Leben nimmt

Du haderst mit deinem Leben und mit Gott. Dass ein Mensch, den du liebst, sich selbst das Leben nimmt, lässt dich die Härte des Lebens erfahren. Brutal ist die Nachricht der Selbsttötung eines Menschen. Du verstummst oder schreist auf. Du spürst Trauer, Wut und immer wieder diese Schuldgefühle, die dich besetzen und mitten in der Nacht voll Entsetzen aufwachen lassen. Es ist die härteste Grenzerfahrung des Lebens – anzunehmen, dass wir einander immer etwas schuldig bleiben. Es gehört zum Schwierigsten im Leben – anzunehmen, dass wir niemanden abhalten können von diesem Schritt.

Wir Menschen sind da, um einander beizustehen, einander in schwierigen Lebenssituationen zu begleiten, unlösbare Fragen miteinander auszuhalten und zugleich anzunehmen, dass nebst unserer Beziehungskraft auch die Einsamkeit unsere ständige Begleiterin ist. Beziehung und Einsamkeit sind die beiden Pole unseres Lebens. Durch den Suizid eines Menschen ist die Beziehungskraft erschüttert. Diese schreckliche Grenzerfahrung lässt all jene Personen ihre Grenzen erfahren, die in Beziehung stehen mit dem Verstorbenen. Es tut unendlich weh anzunehmen, dass wir einander immer nur begrenzt unterstützen können. Es ist so hart, Ja zu sagen zu der Wirklichkeit, dass die Lebenskraft eines Menschen manchmal so hauchdünn geworden ist und all die vielen guten Gedanken, Zeichen und Gebete nicht ausreichen, um das Vertrauen in das Leben zu stärken.

Ich leide mit dir, deiner Familie, deinem Freundeskreis. Ich werde dastehen am Grab als Zeichen der Solidarität. Wenn du – wie ich – diesen Tod auch nicht verstehen kannst, so versuche, diesen Schritt zu respektieren. Dazu brauchst du viel Zeit, vielleicht ein Leben lang. Dabei wünsche ich dir, dass du dich immer wieder verabschieden kannst von jenen unguten, krank machenden Schuldgefühlen, die dich vom wirklichen Leben, von der echten Liebe zu einem Menschen entfernen. Natürlich hätten wir alle noch viel mehr tun können, doch wir bleiben selber ein Leben lang verletzlich, unvollkommen, zerbrechlich und voller Grenzen. Auch wenn wir unser Bestes gegeben haben, bleibt so vieles bruchstückhaft. Wir bleiben uns, den anderen, dem Leben und auch Gott immer etwas schuldig.

Unsere Würde, unsere Einmaligkeit, unsere tiefe Sehnsucht nach Angenommensein zeigen sich zutiefst in diesen Grenzerfahrungen. Wir sind jeden Tag neu angewiesen auf die Zuwendung unserer Mitmenschen und die Zuwendung Gottes. In der hebräischen Sprache heißt der Ursprung des Wortes „Erbarmen" *(rechem)*: Mutterschoß.

Die tiefe Verwundung, die durch einen solchen Tod in uns entstehen kann, birgt in sich bei allem Schmerz die leise Hoffnung, dass wir in diesem Leiden erahnen, wie brutal das

Leben sein kann und wir darum noch mehr auf die zärtliche Zuwendung Gottes angewiesen sind – im Leben und im Sterben.

Im eigenen tiefen Schmerz
jene Nähe erahnen
zu allen leidenden Menschen
die um ihre Lebenskraft ringen

Im eigenen Verstummen
jene Solidarität erkennen
die verbindet mit allen Sprachlosen
die lautlos schreien

Im eigenen Verzweifeltsein
jene dunkle Nacht erleben
die uns erinnert
wie zerbrechlich jegliches Leben sein kann

Im eigenen Verwundetsein
jenes leise Vertrauen entdecken
das von den Perlen erzählt
die in tiefen Wunden aufblühen können

Pierre Stutz, Theologe, spiritueller Begleiter, Autor vieler erfolgreicher Bücher zu einer Spiritualität im Alltag, langjährige Erfahrung in Jugendseelsorge und Erwachsenenbildung, Ausbildung im Sozialtherapeutischen Rollenspiel, Mitbegründer des offenen Klosters Abbaye de Fontaine-André CH-2009 Neuchâtel, 1998 – 2010 Mitredakteur der spirituellen Fotozeitschrift «ferment», rege Kurs- und Vortragstätigkeit im ganzen deutschsprachigen Raum, lebt in Lausanne.

Für die Seelsorge mit Trauernden hat er veröffentlicht: Pierre Stutz, *Gottesdienst feiern mit Trauernden.* Neue Modelle, Luzern 2. Auflage 2005.

Im Internet: www.pierrestutz.ch

Pierre Stutz im Verlag Herder

50 Rituale für die Seele
Herausgegeben von Andreas Baumeister
150 Seiten | Gebunden mit Schutzumschlag
und Leseband
ISBN 978-3451-30401-9

In der Weite des Himmels
Ein meditativer Gang durch die Bibel
200 Seiten | Flexcover mit Leseband
ISBN 978-3-451-32328-7

Was meinem Leben Tiefe gibt
Schritte zum Dasein
Herder spektrum Taschenbuch 6296
ISBN 978-3-451-06296-4

Kleines Buch vom Kreis des Lebens
Herder spektrum Taschenbuch 7125
ISBN 978-3-451-07125-6

Worte, die Trost schenken

Phil Bosmans
Ein Engel des Trostes in Zeiten des Abschieds
Gebunden | Durchgehend farbig
Mit zahlreichen Abbildungen
ISBN 978-3-451-32381-2

Die Kraft deiner Tränen
Worte des Trostes von Anselm Grün,
Andrea Schwarz, Christa Spilling-Nöker,
Pierre Stutz, Jörg Zink
128 Seiten | Gebunden | Zweifarbig
ISBN 978-3-451-30209-1

Antje S. Naegeli
Die Nacht ist voller Sterne
Gebete in dunklen Stunden
128 Seiten | Gebunden
ISBN 978-3-451-27593-7

Christa Spilling-Nöker
Behutsam will ich dich begleiten
Auf dem Weg des Abschieds
96 Seiten | Gebunden | Farbig
ISBN 978-3-451-32193-1

Neuausgabe 2011

www.herder.de

Umschlagmotiv: © Getty Images Kollektion:
Photonica / Bob Elsdale
Umschlaggestaltung:
Gabriele Pohl + Margret Russer, München
Satz: Atelier Georg Lehmacher, Friedberg (Bay.)
Vignetten im Innenteil: Atelier Georg Lehmacher,
Friedberg (Bay.)
Herstellung: fgb · freiburger graphische betriebe
www.fgb.de

Gedruckt auf umweltfreundlichem,
chlorfrei gebleichtem Papier
Printed in Germany

ISBN 978-3-451-33248-7